0

null

nolla

10

zehn

kymmenen

20

zwanzig

kaksikymmentä

30

dreißig

kolmekymmentä

40

vierzig

neljäkymmentä

50

fünfzig

viisikymmentä

60

sechzig

kuusikymmentä

70

siebzig

seitsemänkymmentä

80
achtzig

kahdeksankymmentä

90
neunzig

yhdeksänkymmentä

100
einhundert

sata

1000
eintausend

tuhat

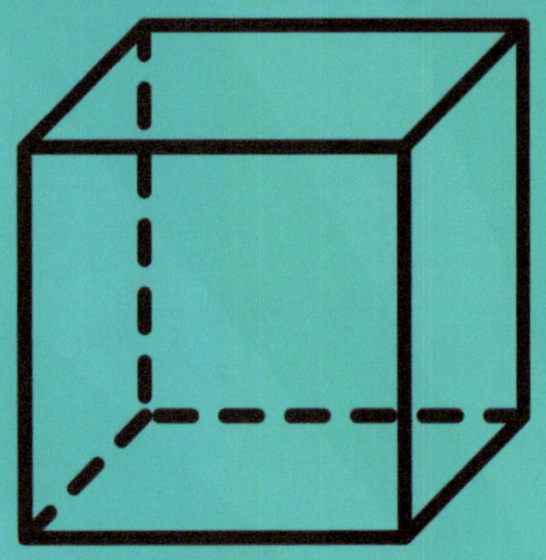

Würfel

kuutio

Spielbaustein

lohko

Eiswürfel

jääkuutio

Karamell

karamelli

Zucker

sokeri

Würfel

nopat

Geschenkbox

lahjalaatikko

Pappkarton

pahvilaatikko

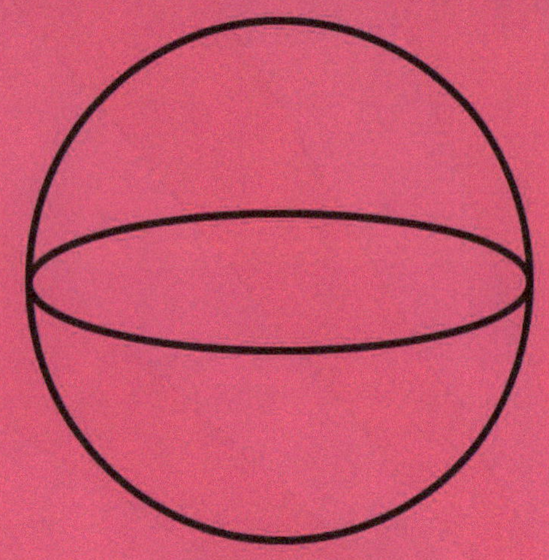

Kugel

pallo

Eiskugel

jäätelökauha

Perle

helmi

Blase

kupla

Murmeln

marmorit

Planet

planeetta

Schneeball

lumipallo

Tennisball

tennispallo

Zylinder

sylinteri

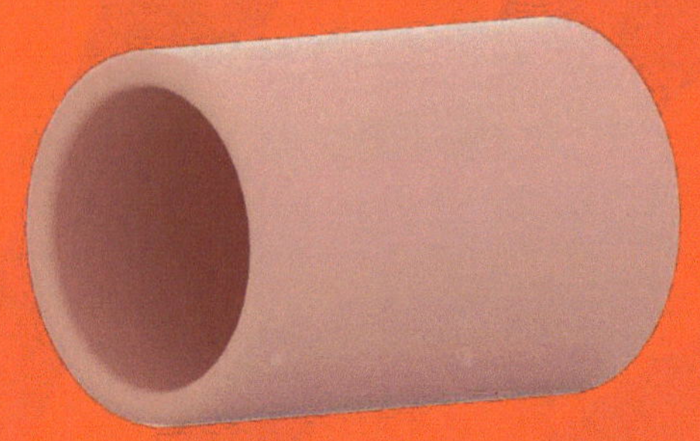

Rohr

putki

Batterien

paristot

Garnspule

lankakela

Zimt

kaneli

Nudelholz

kaulin

Wurst

makkara

Heuballen

heinäpaali

Kegel

kartio

Verkehrskegel

tien kartio

Eiswaffel

jäätelötötterö

Hexenhut

noitahattu

Kerker

vankityrmä

Tannenbaum

kuusi

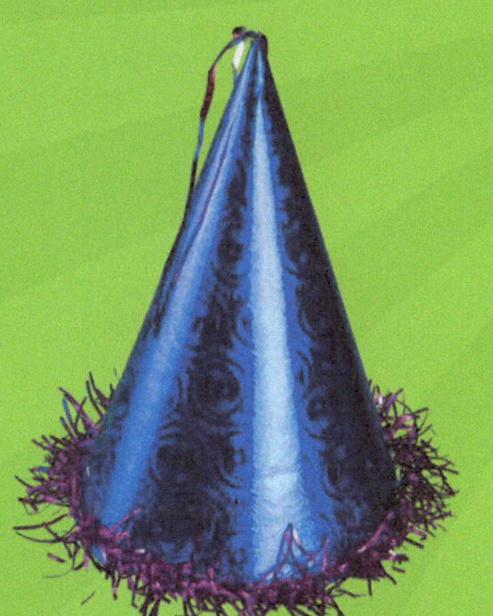

Partyhut

juhlahattu

Schnecke

etana

Brombeere

karhunvatukka

Johannisbeere

herukka

Clementine

klementiini

Durian

durian

Drachenfrucht

pitaija

Jackfrucht

jakkihedelmä

Sternfrucht

tähtihedelmä

Spargel

parsa

Radieschen

retiisi

rote Bohne

punainen papu

Rübe

nauris

Maniok
maniokki

Süßkartoffel
jamssi

Kichererbsen
kikherneet

Adler

kotka

Fledermaus

lepakko

Biber

majava

Flamingo

flamingo

Rabe

korppi

Amsel

mustarastas

Blaumeise

sinitiainen

Elster

harakka

Schwalbe

pääskynen

Lerche

kiuru

Sittich

aratti

Specht

tikka

Pfau

riikinkukko

Papagei

papukaija

tukan

tukaani

Storch

haikara

Koralle

koralli

Seeanemone

merivuokko

Seeigel

merisiili

Seepferdchen

merihevonen

Clownfisch

vuokkokala

Goldfisch

kultakala

Krabbe

rapu

Einsiedlerkrebs

erakkorapu

Delfin

delfiini

Narwal

sarvivalas

Oktopus

mustekala

Tintenfisch

kalmari

Walhai

valashai

Orca

orca

Blauwal

sinivalas

Belugawal

maitovalas

Hammerhai

vasarahai

Weißer Hai

valkohai

Zitronenhai

sitruunahai

Tigerhai

tiikerihai

Heuschrecke

heinäsirkka

Raupe

toukka

Skorpion

skorpioni

Eidechse

lisko

Dinosaurier

dinosaurukset

schwarzes Haar

mustat hiukset

rotes Haar

punaiset hiukset

braunes Haar

ruskeat hiukset

blondes Haar

vaaleat hiukset

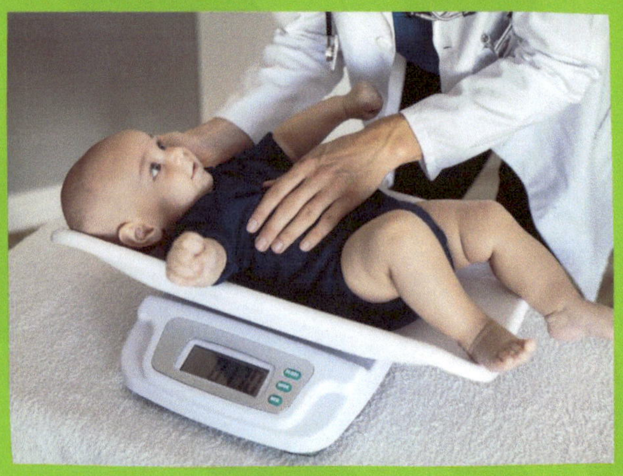

Waage

vaaka

Krankenhaus

sairaala

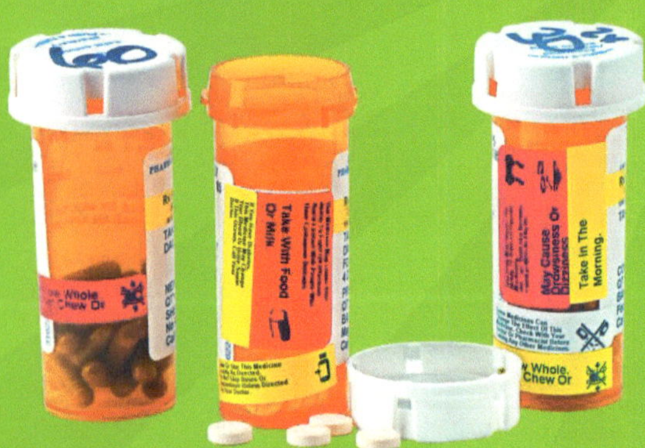

Medizin

lääke

Thermometer

kuumemittari

Verband
side

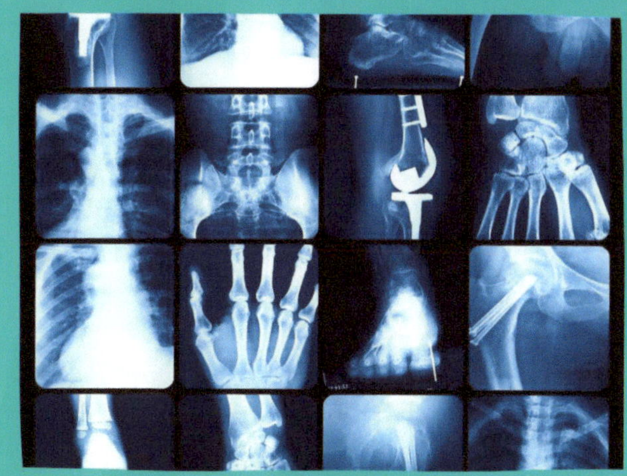
Röntgen
röntgenkuvaus

Doktor
lääkäri

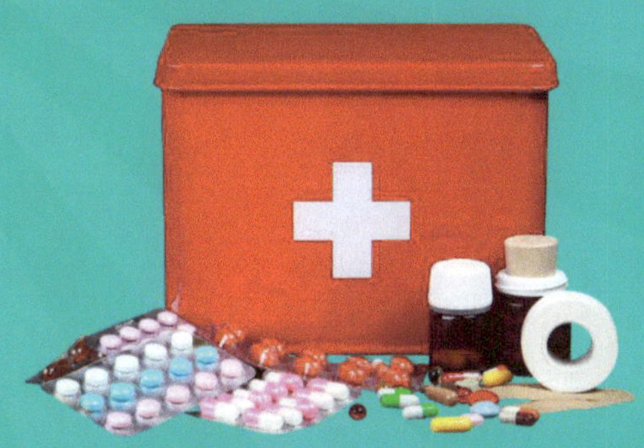
Erste-Hilfe-Kasten
ensiapupakkaus

spielen

pelata

zeichnen

piirtää

zählen

laskea

schreiben

kirjoittaa

Tanzen

tanssi

Schwimmen

uinti

Skifahren

hiihto

Basketball

koripallo

Tennis

tennis

Tischtennis

pöytätennis

Fußball

jalkapallo

Reiten

ratsastus

Eishockey

jääkiekko

Judo

judo

Boxen

nyrkkeily

Laufen

juoksu

Baseball

baseball

Kricket

kriketti

Rugby

rugby

Volleyball

lentopallo

Maracas

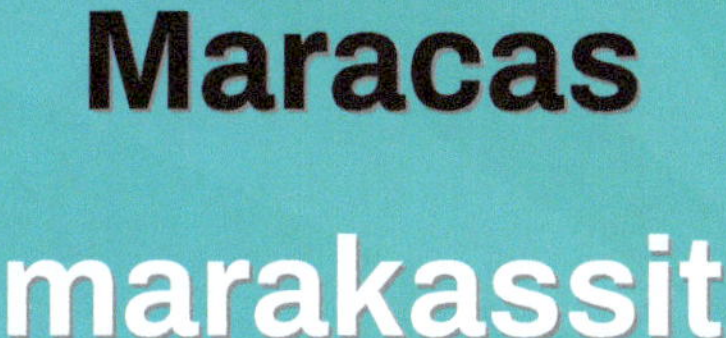

marakassit

Tamburin

tamburiini

Xylophon

ksylofoni

Geige

viulu

Klavier

piano

Gitarre

kitara

Cello

sello

Harfe

harppu

Trommel

rumpu

Djembe

djembe

Schlagzeug

rumpusetti

Trompete

trumpetti

Horn

torvi

Saxophon

saksofoni

Flöte

huilu

Kopfhörer

kuulokkeet

singen

laulaa

Notenblatt

nuotit

Mikrofon

mikrofoni